Para los pequeños astrónomos
del mundo entero, que contemplan
el cielo que compartimos todos.
Rola Shaw

Para Hattie – *Lara Hawthorne*

Primera edición: mayo de 2022

Dirección editorial: Berta Márquez
Edición ejecutiva: Patrycja Jurkowska
Coordinación editorial: Iria Torres
Texto: Rola Shaw
Consultoría: Carole Stott

Título original: *Night Sky*
Traducción del inglés: Ana Deza

Publicado por primera vez en Reino Unido
en 2021 por Red Shed, parte de Farshore,
un sello de HarperCollins*Publishers*

© Ediciones SM, 2022
Impresores, 2 - Parque Empresarial Prado del Espino
28660 Boadilla del Monte (Madrid)

ISBN: 978-84-139-2362-8
Depósito legal: M-440-2022
Impreso en la UE / *Printed in EU*

Secretos del cielo

Textos de Rola Shaw

Ilustraciones de Lara Hawthorne

sm

El cielo nocturno

Las estrellas iluminan el firmamento desde hace muchísimo tiempo. Brillaban por encima de los dinosaurios al igual que hoy refulgen sobre nosotros. Estos puntos de luz resplandeciente son en realidad grandes bolas de gas ardiente que flotan en el espacio, a billones de kilómetros de distancia de la Tierra. Algunas estrellas parecen más luminosas porque se encuentran más cerca de nuestro planeta; otras brillan con más fuerza porque están más calientes y emiten más luz.

Constelaciones

Las estrellas parecen dibujar una serie de patrones o figuras que llamamos constelaciones. Existen 88 constelaciones en el firmamento. En Europa y en otros lugares al norte del ecuador se ven las estrellas y constelaciones del hemisferio norte. Al sur del ecuador, en lugares como Australia o Chile, se observan las constelaciones del hemisferio sur.

La Luna es el objeto más brillante del cielo nocturno.

Durante miles de años, los seres humanos hemos utilizado las estrellas para predecir el comienzo de las estaciones, entender el paso del tiempo y guiarnos en viajes por tierra y mar. Las estrellas también han inspirado muchos mitos y leyendas.

La Vía Láctea

Nuestra galaxia, la Vía Láctea, es solo una entre los miles
de millones que existen en el universo. En su interior alberga
enormes extensiones de estrellas con planetas que giran
a su alrededor. Los antiguos romanos le pusieron este nombre,
que en latín significa «camino de leche», debido a que parece
una mancha blanca gigantesca sobre el cielo oscuro.

La Cruz del Sur

La Cruz del Sur

Al sur de la línea del ecuador se puede ver la Cruz del Sur (o Crux),
la constelación más pequeña de todas. Para los venda y los sotho,
dos pueblos aborígenes del sur de África, sus estrellas forman
el dibujo de dos jirafas que se cruzan en el cielo.

*Algunos escarabajos peloteros africanos empujan
bolas de caca de elefante en línea recta guiándose
por la luz de la Vía Láctea. Los machos utilizan
estas bolas para atraer a las hembras. Más tarde,
enterrarán en ellas sus huevos. Cuando estos
eclosionen, las crías se alimentarán del estiércol.*

El cuento del Kalahari

Hay numerosas leyendas en el mundo sobre el origen de la Vía Láctea. En el desierto del Kalahari, al sur de África, los khoisan cuentan que hace mucho mucho tiempo, cuando la noche era oscura y no había estrellas, una joven arrojó al cielo brasas y ceniza de una hoguera para ver el camino, creando así la Vía Láctea.

Los primeros agricultores

Hace miles de años, las personas no tenían ni relojes ni calendarios. ¿Cómo sabían si era primavera, verano, otoño o invierno? ¿Cómo decidían la época de siembra o de cosecha? El clima a veces es engañoso: en invierno puede haber días calurosos, pero no es el mejor momento para cultivar. Los primeros agricultores aprendieron a observar los cambios en las estrellas para así poder predecir el comienzo de cada estación.

En las noches de primavera, el Carro aparece del revés en lo alto del cielo boreal.

En las noches de invierno, el mango del Carro apunta hacia la tierra.

El Carro

En el hemisferio norte existe una agrupación de siete estrellas conocida como el Carro. Su posición cambia con las estaciones, pero es fácil de encontrar gracias a su largo «mango» y su gran «cajón». El Carro se sitúa en la Osa Mayor, lo que significa que es un asterismo, es decir, un grupo de estrellas que forman parte de una constelación.

La Tetera

En el hemisferio sur, dentro de la constelación de Sagitario, sobresale un grupo de ocho estrellas llamado la Tetera. En invierno, la Tetera permanece en lo alto del cielo durante toda la noche. Cuando la contemples, estarás mirando justo el centro de la Vía Láctea.

En las noches de verano, el mango del Carro apunta en dirección contraria a la tierra.

En otoño, el Carro aparece del derecho, cerca de la línea del horizonte.

El antiguo Egipto

A los antiguos egipcios les encantaba mirar las estrellas. Todos los años observaban la estrella Sirio (la más brillante que vemos en el firmamento) y aguardaban a que saliera justo antes del amanecer. Este suceso anunciaba el fin de la época de sequía, lo que significaba que el río Nilo pronto se desbordaría y regaría los cultivos. La crecida del Nilo marcaba el comienzo del antiguo año egipcio y se celebraba con grandes festejos.

Canis Maior y Orión

Sirio forma parte de la constelación de *Canis Maior*, cuyo nombre significa «perro grande» en latín.

Orión

Canis Maior

Sirio

Canis Maior sigue a Orión, el Cazador, a través del cielo.

El *Libro de Nut*

Los egipcios adoraban a Nut, la diosa del cielo, el universo y la maternidad. Creían que el firmamento era el cuerpo de Nut, que se extendía sobre la Tierra, y que Nut se tragaba el Sol cada noche y lo paría a la mañana siguiente. El *Libro de Nut* está repleto de historias sobre el cielo nocturno y los movimientos del Sol, la Luna y los planetas.

Las pirámides de Guiza

Estas magníficas construcciones eran en realidad tumbas en las que se enterraba a los reyes egipcios, los faraones. Los arquitectos y astrónomos se basaron en la posición del Sol y de las estrellas para determinar con precisión su ubicación, de manera que los lados de las pirámides estuvieran perfectamente alineados con los puntos cardinales: norte, sur, este y oeste.

Las pirámides de Guiza tienen unos 4.500 años de antigüedad.

En la antigua Grecia había muchos escritores y científicos. En el siglo II, un brillante astrónomo y matemático llamado Ptolomeo estudió el cielo nocturno. Registró 48 de las 88 constelaciones que conocemos hoy día, y les puso nombres inspirados en los mitos y leyendas griegos.

Estrella
Polar

Ursa Maior

En latín, su nombre signifca «gran osa». La Osa Mayor, como se conoce en español, es la constelación más grande del hemisferio norte. Aquí se halla el grupo de estrellas del Carro. Si te fijas bien, verás que las dos estrellas que forman el borde exterior del cajón apuntan hacia *Polaris*, la Estrella Polar.

Hipatia de Alejandría,
una de las primeras científicas,
fue una gran astrónoma y matemática.

Draco y Hércules

Estas dos constelaciones representan al héroe griego Hércules con un pie sobre la cabeza de Draco («dragón» en latín). Cuenta el mito que Hércules derrotó al dragón que custodiaba las manzanas de oro del jardín de las Hespérides. Esta es una de las muchas historias griegas que se pueden «leer» en las estrellas.

Los antiguos griegos inventaron instrumentos como la esfera armilar para calcular la posición de las estrellas y de los planetas.

La antigua China

Los antiguos chinos creían que el cielo nocturno presagiaba la vida en la Tierra. Un cometa o un eclipse podían ser el augurio de una guerra o de una hambruna. Los astrónomos de la corte Imperial registraban los movimientos del Sol, la Luna y las estrellas y mantenían informado al emperador de sus predicciones.

Los antiguos chinos creían que el emperador era hijo del cielo.

El Dragón Azul representaba la primavera y se encontraba al este.

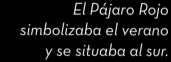

El Pájaro Rojo simbolizaba el verano y se situaba al sur.

Palacios celestiales

Los astrónomos chinos dividían el cielo en cinco regiones, llamadas «palacios», o «gong» en chino. El *gong* más importante se localizaba cerca de la Estrella Polar y representaba al emperador y su familia. El resto de la bóveda celeste se dividía en los puntos cardinales: norte, sur, este y oeste.

La Tortuga Negra simbolizaba el invierno y se localizaba al norte.

El Tigre Blanco representaba el otoño y se hallaba al oeste.

Durante la dinastía Song (960-1279) se crearon muchos observatorios para estudiar los astros y que los astrónomos pudieran aconsejar al emperador. Los antiguos chinos idearon herramientas asombrosamente precisas para medir el tiempo, e incluso aprendieron a predecir acontecimientos poco comunes, como los cometas y las lluvias de meteoritos.

El observatorio astronómico Gaocheng se construyó en 1276.

Guo Shoujing

Guo Shoujing fue un importante astrónomo. Erigió un gran observatorio de piedra en Gaocheng y, valiéndose de un reloj solar, midió el ángulo de la sombra del Sol para predecir las estaciones. En 1280, logró calcular la duración del año astronómico con una desviación de apenas 26 segundos respecto a la real, y elaboró un calendario muy preciso.

La revolución científica

En 1609, el astrónomo italiano Galileo Galilei dirigió su telescopio al cielo de Padua (Italia) y se asombró al ver los profundos cráteres y los elevados montes de la superficie rocosa de la Luna. Poco tiempo después, otros astrónomos empezaron a explorar el cielo nocturno. Había comenzado la revolución científica, una época que cambiaría el curso de la historia.

El telescopio de Galileo

Galileo fue la primera persona en examinar el cielo con ayuda de un telescopio y registrar sus observaciones. Este célebre científico se dio cuenta de que la Vía Láctea está formada por un gran número de estrellas individuales que semejan una nebulosa.

Nicolás Copérnico

En 1543, un astrónomo polaco llamado Nicolás Copérnico afirmó que el Sol era el centro del Sistema Solar y que la Tierra y los demás planetas giraban a su alrededor. Esta teoría, llamada heliocentrismo, fue rechazada por la mayoría, pero, 70 años más tarde, Galileo demostró que Copérnico tenía razón.

Isaac Newton

Las observaciones de Galileo facilitaron que los astrónomos calculasen el tamaño de los planetas y la velocidad a la que se desplazan alrededor del Sol. En 1687, el astrónomo inglés Isaac Newton descubrió la increíble fuerza que mantiene a los planetas en órbita y une todo el Sistema Solar: ¡la gravedad!

Saturno

Venus

Sol

Mercurio

Júpiter

Marte

Tierra

El modelo actual del Sistema Solar se basa en los descubrimientos de Galileo, firme defensor del heliocentrismo.

La navegación

Antiguamente, los viajes por altamar, a través de aguas desconocidas y entre fuerte oleaje, eran largos y peligrosos. Durante miles de años, los marineros (que necesitan conocer su posición exacta para navegar) trazaron el rumbo y descubrieron nuevas tierras a partir de la posición y el movimiento de las estrellas.

Antiguos mapas de estrellas

Los primeros navegantes polinesios eran magníficos marineros y cruzaron el océano Pacífico guiándose por las estrellas. Primero, localizaban una estrella cercana al horizonte y navegaban hacia ella. Cuando la estrella se elevaba en el cielo, buscaban otra más baja en el horizonte. Los marineros memorizaban secuencias de estrellas para cada ruta y creaban así una carta estelar. Hoy día, muchos navegantes siguen utilizando este método tradicional polinesio.

Barco polinesio

La brújula

En el año 1100, los chinos ya habían inventado una de las herramientas de navegación más importantes: la brújula. La aguja imantada de este instrumento se alinea con los polos de la Tierra e indica en qué dirección se encuentra el norte magnético.

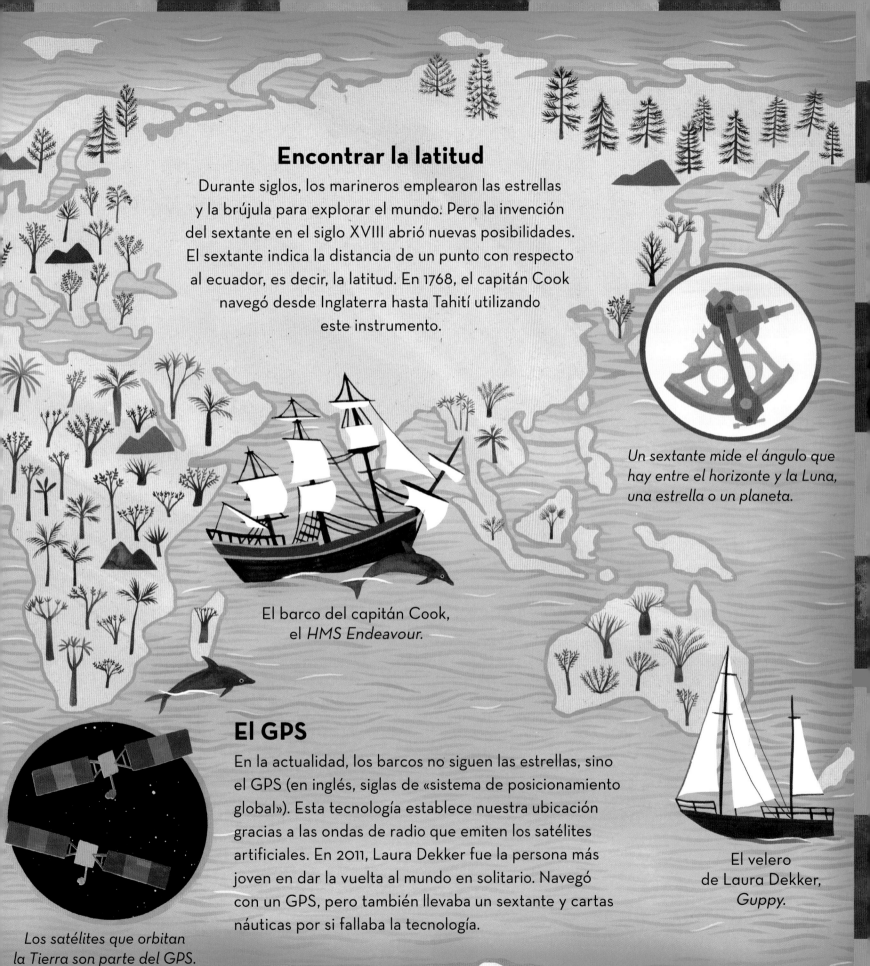

Encontrar la latitud

Durante siglos, los marineros emplearon las estrellas y la brújula para explorar el mundo. Pero la invención del sextante en el siglo XVIII abrió nuevas posibilidades. El sextante indica la distancia de un punto con respecto al ecuador, es decir, la latitud. En 1768, el capitán Cook navegó desde Inglaterra hasta Tahití utilizando este instrumento.

Un sextante mide el ángulo que hay entre el horizonte y la Luna, una estrella o un planeta.

El barco del capitán Cook, el *HMS Endeavour*.

El GPS

En la actualidad, los barcos no siguen las estrellas, sino el GPS (en inglés, siglas de «sistema de posicionamiento global»). Esta tecnología establece nuestra ubicación gracias a las ondas de radio que emiten los satélites artificiales. En 2011, Laura Dekker fue la persona más joven en dar la vuelta al mundo en solitario. Navegó con un GPS, pero también llevaba un sextante y cartas náuticas por si fallaba la tecnología.

El velero de Laura Dekker, Guppy.

Los satélites que orbitan la Tierra son parte del GPS.

Astronomía moderna

La Antártida es un vasto territorio congelado en el que
es posible disfrutar del cielo más despejado del planeta.
Aquí se encuentra el telescopio Polo Sur, un potente aparato
capaz de alcanzar distancias increíbles dentro de nuestra
galaxia y que nos permite explorar los secretos del universo.

Telescopio Polo Sur

Aunque esté rodeado de hielo, el Polo Sur es un lugar
muy seco. Por ese motivo, es el emplazamiento ideal
para este gran telescopio, diseñado para buscar huellas
del Big Bang y estudiar el origen del universo.

Telescopio Polo Sur

Aurora austral

A veces, el cielo de las regiones polares brilla con luces azules, verdes, rojas y moradas. En el hemisferio sur, este impresionante espectáculo luminoso se denomina «aurora austral», y puede contemplarse entre los meses de marzo y junio.

En la base Amundsen-Scott del Polo Sur viven 150 investigadores y trabajadores durante el verano y 50 en invierno.

La primera luz

Hace casi 14.000 millones de años, nuestro universo estalló en una gran explosión conocida como «Big Bang». El telescopio Polo Sur ha logrado captar la luz que se produjo en ese momento.

La aventura espacial

En la inmensidad del espacio, a miles de kilómetros de la Tierra, un astronauta flota en el exterior de la Estación Espacial Internacional (EEI), que orbita alrededor de nuestro planeta. El traje espacial mantiene constante su temperatura y le proporciona oxígeno para respirar.

Los seres humanos ya no nos limitamos a contemplar las estrellas: ¡hemos encontrado la forma de viajar y vivir en el espacio!

La Estación Espacial Internacional

En 1961, el cosmonauta ruso Yuri Gagarin fue la primera persona en abandonar la Tierra y viajar al espacio. Hoy día, hasta seis astronautas viven y trabajan en la EEI durante todo el año. Si miras el cielo nocturno con atención, podrás distinguir la EEI: es el tercer objeto más brillante del firmamento. Desde la Tierra, parece una estrella o un avión que se mueve a gran velocidad.

El telescopio espacial James Webb viajará a 1,5 millones de kilómetros de la Tierra para explorar galaxias lejanas.

A veces, los astronautas dan un «paseo espacial» fuera de la EEI para realizar reparaciones.

Orientarse en el espacio

¿Cómo se orientan los astronautas o una nave espacial? El GPS funciona en la Tierra, pero no en el espacio. Los astronautas emplean el mismo sistema que utilizaban los navegantes hace miles de años: mirar las estrellas.

El cielo nocturno tiene un papel muy importante en la vida de los mamíferos, las aves y los insectos. Cada año, millones de criaturas recorren grandes distancias en busca de alimento, calor o un lugar donde reproducirse. Para orientarse, utilizan puntos de referencia como ríos, montañas y bosques, y siguen el rastro de las estrellas que tililan en el firmamento.

Azulejo índigo

Cuando se acerca el invierno, esta ave norteamericana alza el vuelo y emprende un viaje de 3.000 kilómetros hasta América del Sur. El azulejo índigo vuela por la noche y se guía por las estrellas.

✳ Estrella Polar

Guía luminosa

Algunos animales poseen una especie de brújula
interna que les ayuda a encontrar el camino.
Otros se guían por la luz de la Luna, la Estrella Polar
o Betelgeuse, una estrella brillante de la constelación
de Orión.

Vuelos nocturnos

Cada año, la *Noctua pronuba* despliega
sus alas aterciopeladas e inicia la migración.
Estas mariposas nocturnas de color anaranjado
no necesitan GPS: son capaces de detectar
el campo magnético de la Tierra, y también
se guían por el viento y la luz de las estrellas.

Bajo las estrellas

Han pasado miles de años desde que los primeros humanos dirigieron su mirada al cielo, pero las estrellas brillan hoy por encima del resplandor de las ciudades con la misma intensidad que entonces. Cada segundo nacen nuevas estrellas en algún lugar del universo. Y en este mismo instante, mientras miles de satélites giran alrededor de la Tierra, las estrellas fugaces atraviesan el cielo nocturno como si fuesen luciérnagas.

Las luces brillantes dificultan la observación del cielo. Apaga las luces de casa y espera a que tus ojos se acostumbren a la oscuridad: ¡distinguirás las estrellas mucho mejor!

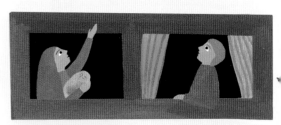

Estrellas fugaces

¿Alguna vez has visto una lluvia de estrellas? Aunque las llamamos estrellas fugaces, en realidad se trata de meteoros: pequeños fragmentos de roca y polvo que brillan y dejan una estela luminosa cuando entran en contacto con la atmósfera terrestre.

Un espectáculo fascinante

En las noches despejadas, es una buena idea salir al aire libre para contemplar el cielo nocturno. No olvides llevar una brújula para localizar el norte y un mapa estelar que te ayude a identificar las constelaciones. ¡Seguro que descubres cosas sorprendentes! Cuando mires hacia arriba, piensa en todas las personas que, a lo largo de la historia, han observado las mismas estrellas que brillan ahora sobre tu cabeza.